Datum / Zeit:

Situation Was hat die Aggression ausgelöst?	Verhalten Was war die Reaktion auf die Situation?
Gedanken Welche Gedanken waren vorherrschend?	**Gefühle** Welche Gefühle kamen in dem Moment hoch?

Notizen:

Datum / Zeit:

Situation Was hat die Aggression ausgelöst?	Verhalten Was war die Reaktion auf die Situation?
Gedanken Welche Gedanken waren vorherrschend?	**Gefühle** Welche Gefühle kamen in dem Moment hoch?

Notizen:

Datum / Zeit:

Situation Was hat die Aggression ausgelöst?	Verhalten Was war die Reaktion auf die Situation?
Gedanken Welche Gedanken waren vorherrschend?	**Gefühle** Welche Gefühle kamen in dem Moment hoch?

Notizen:

Datum / Zeit:

Situation Was hat die Aggression ausgelöst?	Verhalten Was war die Reaktion auf die Situation?
Gedanken Welche Gedanken waren vorherrschend?	**Gefühle** Welche Gefühle kamen in dem Moment hoch?

Notizen:

Datum / Zeit:

Situation Was hat die Aggression ausgelöst?	Verhalten Was war die Reaktion auf die Situation?
Gedanken Welche Gedanken waren vorherrschend?	**Gefühle** Welche Gefühle kamen in dem Moment hoch?

Notizen:

Datum / Zeit:

Situation Was hat die Aggression ausgelöst?	Verhalten Was war die Reaktion auf die Situation?
Gedanken Welche Gedanken waren vorherrschend?	**Gefühle** Welche Gefühle kamen in dem Moment hoch?

Notizen:

Datum / Zeit:

Situation Was hat die Aggression ausgelöst?	Verhalten Was war die Reaktion auf die Situation?
Gedanken Welche Gedanken waren vorherrschend?	**Gefühle** Welche Gefühle kamen in dem Moment hoch?

Notizen:

Datum / Zeit:

Situation Was hat die Aggression ausgelöst?	Verhalten Was war die Reaktion auf die Situation?
Gedanken Welche Gedanken waren vorherrschend?	**Gefühle** Welche Gefühle kamen in dem Moment hoch?

Notizen:

Datum / Zeit:

Situation Was hat die Aggression ausgelöst?	Verhalten Was war die Reaktion auf die Situation?
Gedanken Welche Gedanken waren vorherrschend?	**Gefühle** Welche Gefühle kamen in dem Moment hoch?

Notizen:

Datum / Zeit:

Situation Was hat die Aggression ausgelöst?	Verhalten Was war die Reaktion auf die Situation?
Gedanken Welche Gedanken waren vorherrschend?	**Gefühle** Welche Gefühle kamen in dem Moment hoch?

Notizen:

Datum / Zeit:

Situation Was hat die Aggression ausgelöst?	Verhalten Was war die Reaktion auf die Situation?
Gedanken Welche Gedanken waren vorherrschend?	**Gefühle** Welche Gefühle kamen in dem Moment hoch?

Notizen:

Datum / Zeit:

Situation Was hat die Aggression ausgelöst?	Verhalten Was war die Reaktion auf die Situation?
Gedanken Welche Gedanken waren vorherrschend?	**Gefühle** Welche Gefühle kamen in dem Moment hoch?

Notizen:

Datum / Zeit:

Situation Was hat die Aggression ausgelöst?	Verhalten Was war die Reaktion auf die Situation?
Gedanken Welche Gedanken waren vorherrschend?	**Gefühle** Welche Gefühle kamen in dem Moment hoch?

Notizen:

Datum / Zeit:

Situation Was hat die Aggression ausgelöst?	Verhalten Was war die Reaktion auf die Situation?
Gedanken Welche Gedanken waren vorherrschend?	**Gefühle** Welche Gefühle kamen in dem Moment hoch?

Notizen:

Datum / Zeit:

Situation Was hat die Aggression ausgelöst?	Verhalten Was war die Reaktion auf die Situation?
Gedanken Welche Gedanken waren vorherrschend?	**Gefühle** Welche Gefühle kamen in dem Moment hoch?

Notizen:

Datum / Zeit:

Situation Was hat die Aggression ausgelöst?	Verhalten Was war die Reaktion auf die Situation?
Gedanken Welche Gedanken waren vorherrschend?	**Gefühle** Welche Gefühle kamen in dem Moment hoch?

Notizen:

Datum / Zeit:

Situation Was hat die Aggression ausgelöst?	Verhalten Was war die Reaktion auf die Situation?
Gedanken Welche Gedanken waren vorherrschend?	**Gefühle** Welche Gefühle kamen in dem Moment hoch?

Notizen:

Datum / Zeit:

Situation Was hat die Aggression ausgelöst?	Verhalten Was war die Reaktion auf die Situation?
Gedanken Welche Gedanken waren vorherrschend?	**Gefühle** Welche Gefühle kamen in dem Moment hoch?

Notizen:

Datum / Zeit:

Situation Was hat die Aggression ausgelöst?	Verhalten Was war die Reaktion auf die Situation?
Gedanken Welche Gedanken waren vorherrschend?	**Gefühle** Welche Gefühle kamen in dem Moment hoch?

Notizen:

Datum / Zeit:

Situation Was hat die Aggression ausgelöst?	Verhalten Was war die Reaktion auf die Situation?
Gedanken Welche Gedanken waren vorherrschend?	**Gefühle** Welche Gefühle kamen in dem Moment hoch?

Notizen:

Datum / Zeit:

Situation Was hat die Aggression ausgelöst?	Verhalten Was war die Reaktion auf die Situation?
Gedanken Welche Gedanken waren vorherrschend?	**Gefühle** Welche Gefühle kamen in dem Moment hoch?

Notizen:

Datum / Zeit:

Situation Was hat die Aggression ausgelöst?	Verhalten Was war die Reaktion auf die Situation?
Gedanken Welche Gedanken waren vorherrschend?	**Gefühle** Welche Gefühle kamen in dem Moment hoch?

Notizen:

Datum / Zeit:

Situation Was hat die Aggression ausgelöst?	Verhalten Was war die Reaktion auf die Situation?
Gedanken Welche Gedanken waren vorherrschend?	**Gefühle** Welche Gefühle kamen in dem Moment hoch?

Notizen:

Datum / Zeit:

Situation Was hat die Aggression ausgelöst?	Verhalten Was war die Reaktion auf die Situation?
Gedanken Welche Gedanken waren vorherrschend?	**Gefühle** Welche Gefühle kamen in dem Moment hoch?

Notizen:

Datum / Zeit:

Situation Was hat die Aggression ausgelöst?	Verhalten Was war die Reaktion auf die Situation?
Gedanken Welche Gedanken waren vorherrschend?	**Gefühle** Welche Gefühle kamen in dem Moment hoch?

Notizen:

Datum / Zeit:

Situation Was hat die Aggression ausgelöst?	Verhalten Was war die Reaktion auf die Situation?
Gedanken Welche Gedanken waren vorherrschend?	**Gefühle** Welche Gefühle kamen in dem Moment hoch?

Notizen:

Datum / Zeit:

Situation Was hat die Aggression ausgelöst?	Verhalten Was war die Reaktion auf die Situation?
Gedanken Welche Gedanken waren vorherrschend?	**Gefühle** Welche Gefühle kamen in dem Moment hoch?

Notizen:

Datum / Zeit:

Situation Was hat die Aggression ausgelöst?	Verhalten Was war die Reaktion auf die Situation?
Gedanken Welche Gedanken waren vorherrschend?	**Gefühle** Welche Gefühle kamen in dem Moment hoch?

Notizen:

Datum / Zeit:

Situation Was hat die Aggression ausgelöst?	Verhalten Was war die Reaktion auf die Situation?
Gedanken Welche Gedanken waren vorherrschend?	**Gefühle** Welche Gefühle kamen in dem Moment hoch?

Notizen:

Datum / Zeit:

Situation Was hat die Aggression ausgelöst?	Verhalten Was war die Reaktion auf die Situation?
Gedanken Welche Gedanken waren vorherrschend?	**Gefühle** Welche Gefühle kamen in dem Moment hoch?

Notizen:

Datum / Zeit:

Situation Was hat die Aggression ausgelöst?	Verhalten Was war die Reaktion auf die Situation?
Gedanken Welche Gedanken waren vorherrschend?	**Gefühle** Welche Gefühle kamen in dem Moment hoch?

Notizen:

Datum / Zeit:

Situation Was hat die Aggression ausgelöst?	Verhalten Was war die Reaktion auf die Situation?
Gedanken Welche Gedanken waren vorherrschend?	**Gefühle** Welche Gefühle kamen in dem Moment hoch?

Notizen:

Datum / Zeit:

Situation Was hat die Aggression ausgelöst?	**Verhalten** Was war die Reaktion auf die Situation?
Gedanken Welche Gedanken waren vorherrschend?	**Gefühle** Welche Gefühle kamen in dem Moment hoch?

Notizen:

Datum / Zeit:

Situation Was hat die Aggression ausgelöst?	Verhalten Was war die Reaktion auf die Situation?
Gedanken Welche Gedanken waren vorherrschend?	**Gefühle** Welche Gefühle kamen in dem Moment hoch?

Notizen:

Datum / Zeit:

Situation Was hat die Aggression ausgelöst?	Verhalten Was war die Reaktion auf die Situation?
Gedanken Welche Gedanken waren vorherrschend?	**Gefühle** Welche Gefühle kamen in dem Moment hoch?

Notizen:

Datum / Zeit:

Situation Was hat die Aggression ausgelöst?	Verhalten Was war die Reaktion auf die Situation?
Gedanken Welche Gedanken waren vorherrschend?	**Gefühle** Welche Gefühle kamen in dem Moment hoch?

Notizen:

Datum / Zeit:

Situation Was hat die Aggression ausgelöst?	Verhalten Was war die Reaktion auf die Situation?
Gedanken Welche Gedanken waren vorherrschend?	**Gefühle** Welche Gefühle kamen in dem Moment hoch?

Notizen:

Datum / Zeit:

Situation Was hat die Aggression ausgelöst?	Verhalten Was war die Reaktion auf die Situation?
Gedanken Welche Gedanken waren vorherrschend?	**Gefühle** Welche Gefühle kamen in dem Moment hoch?

Notizen:

Datum / Zeit:

Situation Was hat die Aggression ausgelöst?	Verhalten Was war die Reaktion auf die Situation?
Gedanken Welche Gedanken waren vorherrschend?	**Gefühle** Welche Gefühle kamen in dem Moment hoch?

Notizen:

Datum / Zeit:

Situation Was hat die Aggression ausgelöst?	Verhalten Was war die Reaktion auf die Situation?
Gedanken Welche Gedanken waren vorherrschend?	**Gefühle** Welche Gefühle kamen in dem Moment hoch?

Notizen:

Datum / Zeit:

Situation Was hat die Aggression ausgelöst?	Verhalten Was war die Reaktion auf die Situation?
Gedanken Welche Gedanken waren vorherrschend?	**Gefühle** Welche Gefühle kamen in dem Moment hoch?

Notizen:

Datum / Zeit:

Situation Was hat die Aggression ausgelöst?	Verhalten Was war die Reaktion auf die Situation?
Gedanken Welche Gedanken waren vorherrschend?	**Gefühle** Welche Gefühle kamen in dem Moment hoch?

Notizen:

Datum / Zeit:

Situation Was hat die Aggression ausgelöst?	Verhalten Was war die Reaktion auf die Situation?
Gedanken Welche Gedanken waren vorherrschend?	**Gefühle** Welche Gefühle kamen in dem Moment hoch?

Notizen:

Datum / Zeit:

Situation Was hat die Aggression ausgelöst?	Verhalten Was war die Reaktion auf die Situation?
Gedanken Welche Gedanken waren vorherrschend?	**Gefühle** Welche Gefühle kamen in dem Moment hoch?

Notizen:

Datum / Zeit:

Situation Was hat die Aggression ausgelöst?	Verhalten Was war die Reaktion auf die Situation?
Gedanken Welche Gedanken waren vorherrschend?	**Gefühle** Welche Gefühle kamen in dem Moment hoch?

Notizen:

Datum / Zeit:

Situation Was hat die Aggression ausgelöst?	Verhalten Was war die Reaktion auf die Situation?
Gedanken Welche Gedanken waren vorherrschend?	**Gefühle** Welche Gefühle kamen in dem Moment hoch?

Notizen:

Datum / Zeit:

Situation Was hat die Aggression ausgelöst?	Verhalten Was war die Reaktion auf die Situation?
Gedanken Welche Gedanken waren vorherrschend?	**Gefühle** Welche Gefühle kamen in dem Moment hoch?

Notizen:

Datum / Zeit:

Situation Was hat die Aggression ausgelöst?	Verhalten Was war die Reaktion auf die Situation?
Gedanken Welche Gedanken waren vorherrschend?	**Gefühle** Welche Gefühle kamen in dem Moment hoch?

Notizen:

Datum / Zeit:

Situation Was hat die Aggression ausgelöst?	Verhalten Was war die Reaktion auf die Situation?
Gedanken Welche Gedanken waren vorherrschend?	**Gefühle** Welche Gefühle kamen in dem Moment hoch?

Notizen:

Datum / Zeit:

Situation Was hat die Aggression ausgelöst?	Verhalten Was war die Reaktion auf die Situation?
Gedanken Welche Gedanken waren vorherrschend?	**Gefühle** Welche Gefühle kamen in dem Moment hoch?

Notizen:

Datum / Zeit:

Situation Was hat die Aggression ausgelöst?	Verhalten Was war die Reaktion auf die Situation?
Gedanken Welche Gedanken waren vorherrschend?	**Gefühle** Welche Gefühle kamen in dem Moment hoch?

Notizen:

Datum / Zeit:

Situation Was hat die Aggression ausgelöst?	Verhalten Was war die Reaktion auf die Situation?
Gedanken Welche Gedanken waren vorherrschend?	**Gefühle** Welche Gefühle kamen in dem Moment hoch?

Notizen:

Datum / Zeit:

Situation Was hat die Aggression ausgelöst?	Verhalten Was war die Reaktion auf die Situation?
Gedanken Welche Gedanken waren vorherrschend?	**Gefühle** Welche Gefühle kamen in dem Moment hoch?

Notizen:

Datum / Zeit:

Situation Was hat die Aggression ausgelöst?	Verhalten Was war die Reaktion auf die Situation?
Gedanken Welche Gedanken waren vorherrschend?	**Gefühle** Welche Gefühle kamen in dem Moment hoch?

Notizen:

Datum / Zeit:

Situation Was hat die Aggression ausgelöst?	Verhalten Was war die Reaktion auf die Situation?
Gedanken Welche Gedanken waren vorherrschend?	**Gefühle** Welche Gefühle kamen in dem Moment hoch?

Notizen:

Datum / Zeit:

Situation Was hat die Aggression ausgelöst?	Verhalten Was war die Reaktion auf die Situation?
Gedanken Welche Gedanken waren vorherrschend?	**Gefühle** Welche Gefühle kamen in dem Moment hoch?

Notizen:

Datum / Zeit:

Situation Was hat die Aggression ausgelöst?	Verhalten Was war die Reaktion auf die Situation?
Gedanken Welche Gedanken waren vorherrschend?	**Gefühle** Welche Gefühle kamen in dem Moment hoch?

Notizen:

Datum / Zeit:

Situation Was hat die Aggression ausgelöst?	Verhalten Was war die Reaktion auf die Situation?
Gedanken Welche Gedanken waren vorherrschend?	**Gefühle** Welche Gefühle kamen in dem Moment hoch?

Notizen:

Datum / Zeit:

Situation Was hat die Aggression ausgelöst?	Verhalten Was war die Reaktion auf die Situation?
Gedanken Welche Gedanken waren vorherrschend?	**Gefühle** Welche Gefühle kamen in dem Moment hoch?

Notizen:

Datum / Zeit:

Situation Was hat die Aggression ausgelöst?	Verhalten Was war die Reaktion auf die Situation?
Gedanken Welche Gedanken waren vorherrschend?	**Gefühle** Welche Gefühle kamen in dem Moment hoch?

Notizen:

IMPRESSUM

Vik Alia

Independently published
ISBN: 9781071296653
Palffygasse 29/2
2500 Baden, Austria
fueresz.andrea@gmail.com